prender a leer es uno de los logros más importantes de la
nfancia. Los libros de *Hola, lector* están diseñados para ayudar
l niño a convertirse en un diestro lector y a gozar de la lectura.
uando aprende a leer, el niño lo hace recordando las palabras
nás frecuentes como "la", "los", y "es"; reconociendo el sonido de
as sílabas para descifrar palabras nuevas; e interpretando los
ibujos y las pautas del texto. Estos libros le ofrecen al mismo
iempo historias entretenidas y la estructura que necesita para
eer solo y de corrido. He aquí algunas sugerencias para ayudar
 su niño antes, durante y después de la lectura.

Antes

- Mire los dibujos de la tapa y haga que su niño adivine de qué se trata la historia.

- Léale la historia.

- Aliéntelo para que participe con frases y palabras familiares.

- Lea la primera línea y haga que su niño la lea después de usted.

Durante

- Haga que su niño piense sobre una palabra que no reconoce inmediatamente. Ayúdelo con indicaciones como: "¿Reconoces este sonido?", "¿Ya hemos leído otras palabras como ésta?"

- Aliente a su niño a reproducir los sonidos de las letras para decir palabras nuevas.

- Cuando necesite ayuda, pronuncie usted la palabra para que no tenga que luchar mucho y la experiencia de la lectura sea positiva.

- Aliéntelo a divertirse leyendo con mucha expresión... ¡como un actor!

Después

- Pídale que haga una lista con sus palabras favoritas.

- Aliéntelo a que lea una y otra vez los libros. Pídale que se los lea a sus hermanos, abuelos y hasta a sus animalitos de peluche. La lectura repetida desarrolla la confianza en los pequeños lectores.

- Hablen de las historias. Pregunte y conteste preguntas. Compartan ideas sobre los personajes y las situaciones del libro más divertidas e interesantes.

Espero que usted y su niño aprecien este libro.

—Francie Alexander
Especialista en lectura
Scholastic's Learning Ventures

A nuestros primeros amigos, los lobos.
—*F.M.*

A mi esposa, Tricia y al resto de mi familia:
gracias por aguantar mis tonterías mientras
trabajaba en este libro.
—*R.C.*

Originally published in English as *The Wolves Ate My Homework.*

Translated by Nuria Molinero.

ISBN 0-439-26361-1

Library of Congress Cataloging-in-Publication Data available

12 11 10 9 8 7 6 5 4 3 2 1   01 02 03 04 05 06/0
Printed in the U.S.A.   24
First Scholastic Spanish printing, September 2001

Los lobos se comieron mis tareas

por Faith McNulty
Ilustrado por Richard Courtney

¡Hola, lector! — Nivel 4

SCHOLASTIC INC. **Cartwheel** ·B·O·O·K·S·®
New York Toronto London Auckland Sydney
Mexico City New Delhi Hong Kong

A mi hermano Ben le gustan mucho los lobos.
Dice que el lobo es uno de los animales más
pacíficos de la tierra y uno de los más astutos.

Ben hace documentales sobre la naturaleza.
El verano pasado tuvo la oportunidad
de trabajar con una manada de lobos
en un parque natural.
Me pidió que fuera su ayudante.

Yo estaba encantado, pero mi mamá tenía sus duda

—¿No será peligroso? —preguntó—. Siempre creí

que los lobos eran peligrosos. ¿No atacan a la gent

—No —dijo Ben—. Los lobos salvajes tienen miedo

de la gente y salen corriendo cuando ven a alguien

—¿Y estos lobos están domesticados? —quiso

saber mamá.

—En realidad, no —respondió Ben—. No son

mascotas, pero están acostumbrados a tener gente

cerca. Nacieron en cautiverio, en el parque.

Mamá seguía preocupada.

—¿Te metes dentro de su jaula? —preguntó.

—Me acerco a ellos, pero no hay ninguna jaula

—dijo Ben—. Viven en un terreno grande

que mide un par de acres y está rodeado por

una valla. No te hacen daño a no ser que

los molestes.

Mamá se dirigió a mí:

—¿Y la escuela? —preguntó.

—Solamente perderé un día —dije—
y me llevaré las tareas.

Mamá me dio permiso para ir, pero me hizo
prometer que terminaría todas mis tareas.
Yo se lo prometí.

Más tarde, Ben y yo sacamos a pasear
a mi perrita Sasha.

Es preciosa. Tiene el pelo suave y unas
orejas puntiagudas que mueve para decirme
cómo se siente.

—Si comprendes a los lobos —dijo Ben—,
es más fácil comprender el comportamiento
de los perros.

Me explicó que los perros descienden
de lobos que los seres humanos adoptaron,
probablemente hace miles de años.

—Me imagino que un cazador debió matar una
loba —dijo Ben— y se llevó los lobeznos a la
casa. Los cachorros de lobo se domestican
fácilmente. Seguramente los niños jugaban
con ellos y así se convirtieron en las mascotas
de la familia.

Ben me dijo que, de todos los animales salvajes,
los lobos son los que más se acostumbran
a vivir con las personas.

Los lobos y las personas tienen mucho en común.

Ambos son depredadores.

Los lobos cazan para vivir.

Nuestros antepasados también lo hacían.

Al igual que nosotros, los lobos cazan en grupo
o manada y comparten las presas.

Los humanos y los lobos nos parecemos porque
vivimos en familia y nos mantenemos cerca,
dispuestos a cuidar unos de otros.

Gracias a este instinto de cooperación, los lobos domesticados fueron muy útiles en la caza y para proteger los hogares de las personas.

Con el tiempo, los lobos domesticados empezaron a formar parte de muchos hogares por todo el mundo.

Después de cientos de años, estos lobos se convirtieron en animales distintos de sus antepasados. La gente los llamó perros.

—La mayoría de los perros ya no se parecen a los lobos —dijo Ben—, pero conservan muchas características de ellos.

Ben me explicó en qué se parecía Sasha a un lobo.

Lo primero: en la manera en que me quiere. Siempre quiere estar conmigo, pasear a mi lado, ir en el auto conmigo, tumbarse a mis pies y dormir conmigo.

Según Ben, el afecto de Sasha se debe a la manera en que los lobos viven juntos y se relacionan entre sí.

El lobo que está solo es muy desgraciado.

El macho más fuerte y su pareja son los que dirigen a toda la manada de lobos.

Los lobeznos permanecen con ellos incluso cuando se hacen adultos.

La mayoría de los lobos de una manada son de la misma familia.

La manada se mantiene unida por fuertes sentimientos de lealtad.

Los lobos forman pareja para toda la vida.

Si uno de ellos cae en una trampa, su pareja se quedará a su lado.

Cuando un lobo está enfermo o es demasiado viejo para cazar, los otros le llevan comida.

Cuando un lobo muere, la manada aúlla para expresar su tristeza.

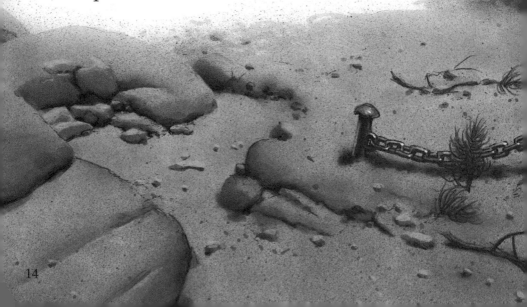

Los lobeznos son el orgullo y la alegría de toda la manada, pero los lobos procuran no tener muchas crías.

El jefe de la manada y su pareja tienen sólo una camada al año.

Los otros lobos no tienen cachorros, pero se ocupan de las crías del líder.

Cuando los cachorros tienen suficiente edad
para comer carne, los otros se la llevan.
Para transportar la carne, los lobos se tragan
un trozo entero y luego la vomitan
en la madriguera.
Aunque parezca repugnante, la carne sale
fresca y limpia.
Los lobeznos lo agradecen con chillidos y
muchos besos.

Esa noche, Ben nos mostró varias películas para demostrarnos lo "humanos" que pueden ser los lobos. El lobo líder es respetado por todos, como un padre de familia.

Cada lobo ocupa su lugar en la manada; por eso rara vez se pelean.

Si hay una discusión sobre la jerarquía de un lobo dentro del grupo, esta se soluciona con un "lenguaje de gestos".

Si un lobo de jerarquía superior mira fijamente a otro significa "no hagas eso".

El otro lobo se disculpa inclinando la cabeza y mirando en otra dirección.

Cuando dos lobos discuten, el de mayor jerarquía sostiene la cola en alto.

Si el otro está de acuerdo en ocupar el segundo lugar, se agacha y baja la cola.

Puede incluso lamer la boca del otro lobo o rodar sobre su espalda.

Hace mucho tiempo, había lobos en casi todas las partes del mundo. Hoy en día, después de siglos de matanzas, quedan muy pocos.

Los lobos vivían seguros en América hasta que llegaron los primeros colonos blancos.
Los indígenas americanos no tenían ovejas ni vacas y convivían pacíficamente con los lobos.

Pero los recién llegados trajeron todo tipo de animales domésticos que eran presas fáciles para los lobos.
Para proteger sus animales, los colonos mataron a cuantos lobos pudieron.
En casi todas partes la matanza continuó hasta que no quedó ningún lobo.

Hoy en día, sólo quedan lobos salvajes en las zonas no colonizadas del norte.

En Estados Unidos, los lobos están protegidos por la ley, excepto en el estado de Alaska, donde todavía se pueden cazar.

Lo que ha cambiado recientemente es que ahora mucha gente cree que los lobos tienen un lugar en la naturaleza y hacen todo lo posible para protegerlos de los cazadores.

Con el permiso de mamá, al día siguiente Ben
y yo partimos temprano.
Le di un beso de despedida a Sasha y le dije
que iba a visitar a sus antepasados.
El viaje fue largo y logré terminar mis tareas
en la camioneta.

Cuando llegamos a la reserva natural, estacionamos
fuera de la valla que rodeaba el terreno de los lobos.
Era un área grande, con pasto y árboles.
Miré por la alambrada y vi un lobo por primera vez.
Parecía un perro grande y gris, acurrucado
y dormido.

Al acercarnos, el lobo se paró de un salto.
Se quedó mirándonos, con las orejas levantadas.

—Ese es Cacique —dijo Ben—. Es el líder.

Cacique era muy grande.

Tenía las patas largas y una cola larga y peluda.

Sus ojos grises nos contemplaban con una mirada

orgullosa que me hizo sentir su carácter salvaje.

Entonces los otros lobos que descansaban dispersos

por el terreno se levantaron y se acercaron a Cacique.

Ben se acercó a la verja y puso la mano sobre el alambre.

El lobo grande la olfateó.

Yo también puse la mano y también la olfateó.

Otro lobo se acercó.

—Esa es Princesa, su pareja —dijo Ben—. Tienen crías en el refugio.

Señaló un montón de piedras grandes que formaban una cueva.

Ben abrió la puerta de la verja y entró con cuidado.

Yo recogí las bolsas donde estaban las cámaras y mi mochila, y lo seguí.

Mientras nos acercábamos al refugio, Cacique y Princesa nos seguían pegados a nuestros talones.

Los otros se mantenían a mayor distancia.

Ben eligió un lugar para colocar su cámara.

—No te acerques demasiado al refugio —me advirtió—. No les gustará.

Ben empezó a preparar la cámara y yo me senté
en el suelo a contemplar los lobos.

La manada estaba formada por una docena
de animales.

No había dos que fueran exactamente iguales.

Sus colores variaban del negro al amarillo tostado.

Unos minutos después, los lobos perdieron
interés en nosotros y se alejaron.

Dos de ellos empezaron a jugar.

Peleaban como lo hacen los perros,
golpeándose con las patas y fingiendo morderse.

Era divertido verlos.

Cuando jugaban a perseguirse, corrían como
el viento y giraban rápida y ágilmente.

Sus colas largas y peludas parecían flotar detrás
de ellos.

Ben reconoció a estos dos lobos jóvenes.

Eran hermanos y se llamaban Peter y Wendy.

Peter era casi negro.

Wendy era de color gris claro.

Ben empezó a filmarlos.

Tenía varias cámaras.

Cuando se acababa la película de una, tomaba otra.

Mi trabajo consistía en tenerlas siempre listas
con película.

De pronto, Princesa entró en el refugio y oímos chillidos de felicidad.
Ben dijo que debía ser la hora de la cena de los lobeznos.
Dirigió la cámara hacia la entrada.

Un momento después, Princesa salió seguida de tres lobeznos que se tambaleaban detrás de ella.
Eran redonditos y peludos, lindos como sólo pueden serlo los cachorritos.
La mamá se tumbó en el pasto y ellos se arremolinaron a su alrededor, le lamieron la cara y se acurrucaron en busca de leche.

Peter y Wendy se interesaron por la escena y se acercaron como si quisieran jugar con los cachorros.
La mirada y un suave gruñido de Princesa los hizo detenerse.

Luego, Peter y Wendy se fijaron en mí y empezaron a caminar a mi alrededor mientras yo permanecía sentado en el pasto.

Parecía que se querían acercar, pero que no se atrevían.

Peter se inclinó delante de mí.

Con la boca medio abierta, puso "cara de querer jugar".

Yo estaba negando con la cabeza para decirle: "No, estoy ocupado", cuando algo me golpeó en la espald

Era Wendy que, al pasar corriendo, me había
quitado la gorra de un tirón.
Con la presa en la boca, corrió en círculos
a mi alrededor.
Sus ojos risueños me invitaban a perseguirla
y quitarle la gorra.

Me paré de un salto.

Sin pensar, grité: —¡Suelta eso!—,

como le habría gritado a Sasha.

Por supuesto, Wendy no me hizo el menor caso.

Entonces Peter se acercó y le arrebató

la gorra a Wendy.

Contemplé, impotente, cómo la destrozaban.

Peter se llevó el trozo más grande.

Lo sacudió varias veces y luego se tumbó

a mordisquearlo.

—¡Despídete de tu gorra! —dijo Ben.
Se reía mientras filmaba al par de lobos
traviesos. —Lo siento, se me olvidó decirte que
a estos dos les encanta robar cosas. Cuando los
conocí se comieron mis mejores guantes.

Luego pasó algo peor.

Había dejado mi mochila con los libros en el suelo.
Wendy la vio, salió disparada y la atrapó.

No pude soportar ver cómo arrastraba mi mochila.
Sin pensar, salí corriendo detrás de ella y me lancé
al suelo para recuperarla.
Conseguí agarrarla, pero Wendy no quería soltarla.
Estábamos en un tira y afloja.

Estaba tan excitado que apenas oí a Ben
que me gritaba.
Mientras seguía tomando fotografías decía:
—¡Suéltala, suéltala! ¡Deja que se la lleve!
Yo estaba demasiado enojado para tener miedo y
seguí agarrado a la mochila.

Entonces Peter se unió a Wendy y me arrancaron
la mochila de las manos.
Vi cómo se rompía.
Los lobos estaban muy nerviosos, con los
ojos brillantes.
Empezaron a volar papeles.
Uno de los cuadernos quedó hecho trizas.

Debí haberme vuelto loco para hacer lo que hice después.

Agarré a un lobo por la cola.

Era Peter.

Traté de apartarlo de la mochila.

Se volvió y me gruñó.

Sus ojos resplandecían con un brillo verdoso, tenía el pelo erizado y me mostraba los dientes.

Entonces sentí miedo y lo solté, pero justo en ese instante algo me golpeó y me tiró al suelo.

Tumbado, de espaldas sobre el suelo,
miré hacia arriba y vi los ojos pálidos de un
lobo enorme y oscuro.

Era Cacique. Se había subido encima de mí y tenía la
boca abierta, a pocas pulgadas de mi cara.

Peter estaba a su lado.

Recuerdo que vi unos dientes blancos resplande-
cientes y escuché unos gruñidos profundos y roncos.

Oí a Ben decir:

—¡Quédate quieto! ¡No te muevas!

Petrificado por el miedo, cerré los ojos y sentí
cómo el enorme lobo me olfateaba la cara.
Su nariz húmeda y fría se posó en mi cuello,
me hizo cosquillas en una oreja y me revolvió
el cabello.
Casi se me para el corazón.

Cuando abrí los ojos, todavía estaba sobre mí,
mirándome, como si tratara de decidir
si debía comerme de un bocado o de dos.
Oí la voz calmada de Ben que decía:
—Tranquilo, no pasa nada. No está enojado.
Si te quedas quieto, no te hará daño.

Pasaron varios segundos.

De repente, el lobo perdió todo interés en mí
y se alejó, mientras yo me quedaba en el suelo.
Empecé a incorporarme, pero Peter se acercó
para olfatearme y yo me quedé quieto mientras
me golpeaba aquí y allá con su nariz.
Finalmente se retiró y yo logré incorporarme.

Ben estaba a mi lado y me preguntaba,
preocupado, si me encontraba bien.
Dije que sí y me sorprendí al notar que me
temblaba la voz.
Me di cuenta que temblaba de pies a cabeza.

Ben me tomó de un brazo, y me riñó.
—¿En qué estabas pensando? —dijo—.
Pensé que tenías más sentido común.
¿Cómo se te ocurre agarrar a un lobo por la cola?
Incluso un perro te mordería si le haces eso.

Supongo que fue entonces cuando empecé a llorar.
Ben dejó de reñirme.
Me dio palmaditas en la espalda y me acarició
el cabello para que me sintiera mejor.

—No te culpo por tener miedo —dijo—.
Debe ser una sensación horrible tener tan cerca las
fauces de un lobo. Tuviste suerte. Solamente estaba
restaurando el orden. Él es el jefe y a los lobos no
les gusta que haya peleas en la familia.

Asentí y me enjugué las lágrimas.

Miré a mi alrededor y vi a Peter y Wendy
tumbados, no muy lejos.

Peter mordisqueaba la mochila como si
fuera un hueso.

Wendy tenía un cuaderno destrozado entre
las patas.

Detrás de ella había un montón de papel
hecho confeti.

—Mis tareas de la escuela —gemí al ver
el desastre—. Quería salvar las tareas.
¿Qué le diré a la maestra?

—No te preocupes por las tareas de la escuela
—me dijo Ben tratando de tranquilizarme—.
Ya haremos algo para solucionarlo. Se echó
a reír. —Dile a tu maestra que se las comieron
los lobos. ¡Seguro que nunca le han dado
esa excusa!

—Nunca me creería —respondí.

—Muéstrale los restos —me aconsejó Ben.

Juntos reunimos los pedazos de papel y
los metimos en una bolsa de plástico.
Los lobos no nos hicieron ningún caso cuando
recogimos el equipo y nos marchamos.

Al día siguiente, me puse muy nervioso al entrar
en el salón de clases. Mi historia parecía rara y
difícil de creer hasta que enseñé a la clase los
restos mordisqueados. Luego todo el mundo
se rió y quiso saber más.

La Srta. Maccarone, nuestra maestra, estaba
dispuesta a perdonarme. Dijo que podía sustituir
las tareas por un relato de mi visita a los lobos.

Es este.
Aunque parezca increíble, me puso una A.